MODELUL DE STABILIRE A PREȚULUI ACTIVELOR DE CAPITAL

INFORMAȚII CHEIE

- **Nume:** Modelul de evaluare a activelor de capital, CAPM.

- **Utilizări:** CAPM este o metodă matematică de estimare a rentabilității oricărui activ financiar. Rentabilitatea prognozată este calculată în funcție de riscul pe care îl implică activul respectiv.

- **De ce are succes?** CAPM este una dintre cele mai populare metode de evaluare a riscului pentru activele financiare. Cu toate acestea, eficacitatea sa a fost criticată de economiști precum Richard Roll (economist american, născut în 1939).

- **Cuvinte cheie:**

  - <u>Piața de capital</u>: Un loc de întâlnire între cererea și oferta de capital. Oferta corespunde economiilor (surplusul de capital disponibil) puse la dispoziția celor care doresc să se împrumute. Cei care se împrumută constituie cererea (nevoia de finanțare). Echilibrul pe această piață este esențial.

  - <u>Activ financiar</u>: Un activ este un titlu de valoare sau un contract care îi oferă deținătorului

MODELUL DE STABILIRE A PREȚULUI ACTIVELOR DE CAPITAL

Modelul de stabilire a prețului pentru capital

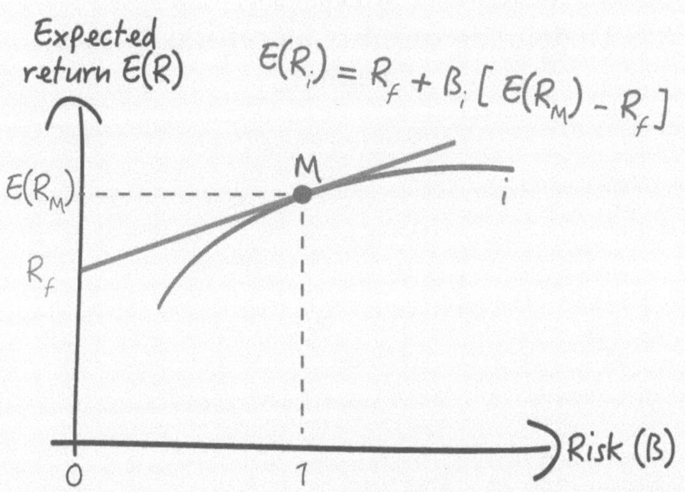

MODELUL DE STABILIRE A PREȚULUI ACTIVELOR DE CAPITAL

Modelul de stabilire a prețului pentru capital

scris de Ariane de Saeger
tradus de Alina Dobre

50MINUTES.com

posibilitatea de a obține un câștig în schimbul unui anumit risc. De exemplu: Cumpăr acțiuni (un activ financiar), în speranța că, în timp, valoarea lor va crește și că le voi putea vinde pentru a obține un profit. Cu toate acestea, dacă valoarea acțiunilor scade, voi înregistra o pierdere din achiziția mea.

- <u>Rata dobânzii</u>: Rata dobânzii reprezintă costul banilor. Prin urmare, îmi permite să calculez costurile implicate de împrumutul sau investirea banilor. Rata dobânzii poate fi, de asemenea, definită ca fiind remunerația obținută în cazul investițiilor.

- <u>Portofoliu</u>: Totalitatea valorilor mobiliare (în special acțiuni și obligațiuni) deținute de o persoană, o societate, o bancă etc.

- <u>Se întoarce</u>: Rentabilitatea unei sume investite. Dacă eu îmi investesc banii cu o rată a dobânzii de 7%, iar un prieten investește aceeași sumă cu o rată a dobânzii de 4%, pot spune că rentabilitatea capitalului investit de mine este mai bună decât a lui.

- <u>Bursa de valori</u>: Instituție publică sau privată care permite efectuarea de schimburi de active și tranzacții cu titluri de valoare (cum ar fi acțiunile). Cu alte cuvinte, este o piață de finanțare și de investiții în care prețul este stabilit în funcție de cerere și ofertă.

INTRODUCERE

În anii 1950, piețele financiare s-au dezvoltat și au devenit intermediarul ideal pentru echilibrarea capacităților și a cerințelor de finanțare ale diverșilor agenți economici. Scopul acestora era de a asigura finanțarea economiei prin diverse mijloace (economii, achiziții de titluri de valoare, achiziții de active etc.). Investirea unui activ financiar implică două variabile strâns legate între ele: randamentul și riscul.

Pentru a defini mai bine aceste două variabile, au fost realizate studii de către diverși economiști:

- Frank Knight (economist american, 1885-1972) a definit conceptele de "incertitudine" și "risc" în 1921.

- Lucrările lui Harry Markowitz (economist american, născut în 1927) au marcat începutul teoriei moderne a diversificării în 1950, cunoscută sub numele de teoria modernă a portofoliului din 1952. Această teorie propune o reflecție financiară asupra utilizării diversificării în vederea optimizării unui portofoliu. Aceasta este versiunea cea mai asemănătoare cu actualul CAPM.

- În cele din urmă, în anii 1960 și la începutul anilor 1970, economiștii americani William Sharpe (născut în 1934), John Lintner (1916-1983) și Fischer Black (1938-1995), precum și economistul norvegian Jan Mossin (1936-1987), au dezvoltat modele financiare anterioare, dând naștere la CAPM.

◉ Definirea modelului

CAPM este utilizat atât pe piețele financiare, cât și pentru a rezolva probleme financiare în afaceri. Modelul de calcul se bazează pe măsurarea riscului sistematic, a rentabilității așteptate și a ratelor dobânzii. Cu alte cuvinte, CAPM permite estimarea rentabilității unui activ, în raport cu riscul său.

TEORIE

Această secțiune oferă informații privind metoda de evaluare a activelor financiare dintr-un punct de vedere pur teoretic, pentru a permite înțelegerea tuturor nuanțelor CAPM.

CONTEXT

Acest model a fost dezvoltat într-un moment în care toate piețele financiare se îmbunătățeau și se standardizau. Acesta a fost creat deoarece investitorii doreau să fie mai conștienți de riscurile unei investiții financiare.

Contribuția lui Markowitz

CAPM extinde teoria modernă a portofoliului a lui Markowitz, atât în ceea ce privește ipotezele, cât și în ceea ce privește concluziile sale. Markowitz a evidențiat beneficiile diversificării portofoliului pentru investitorii care doresc să obțină cel mai bun raport risc-retur.

Markowitz include cinci ipoteze în modelul său:

1. piețele financiare sunt eficiente, ceea ce înseamnă că prețul și randamentele activelor financiare prezintă întotdeauna cu exactitate toate informațiile disponibile cu privire la aceste active;

2. investitorii nu sunt atenţi la riscuri şi, prin urmare, nu îşi asumă riscuri suplimentare fără a avea garanţia unui randament suplimentar;

3. pieţele sunt echilibrate;

4. nu există nicio oportunitate de arbitraj pe pieţele echilibrate, deoarece oferta de active ar corespunde perfect cererii pentru aceste active, iar preţul ar fi astfel echilibrat în mod natural;

5. şi, în cele din urmă, investitorul face alegeri raţionale.

 **DEFINIŢII**

<u>Oportunitate de arbitraj</u>: Posibilitatea unui investitor de a-şi modifica portofoliul de active în funcţie de anticipările sale. Mai exact, este o operaţiune (cumpărare sau vânzare) care se inversează pentru două pieţe diferite, două produse sau două termene. Oportunitatea presupune să se profite de anomaliile de tranzacţionare.

<u>Corelaţia activelor</u>: Relaţia dintre două active financiare care merg în aceeaşi direcţie (corelaţie pozitivă) sau în direcţie opusă (corelaţie negativă).

Contribuţiile lui Markowitz sunt duble. Pe de o parte, el subliniază faptul că avantajele diversificării portofoliilor de active nu se bazează pe lipsa de corelaţie între randamente, ci mai degrabă pe corelaţia imperfectă sau parţială a acestora. Pe de altă parte, el demonstrează că reducerea riscului legată de diversificare este limitată de gradul de corelație dintre active. În consecință, Markowitz arată că diversificarea reduce riscul fără a afecta rentabilitatea.

Modelul de stabilire a prețului activelor de capital, între timp, extinde domeniul de aplicare, deoarece ia în considerare toți agenții economici.

OBIECTIVUL PRINCIPAL AL CAPM

După cum s-a afirmat anterior, scopul CAPM este de a oferi investitorului cât mai multe informații cu putință despre riscurile și rentabilitatea potențială a activului financiar în care dorește să investească. Investitorul avizat optează fie pentru un portofoliu eficient și riscant, fie pentru un echilibru între activele riscante și cele ne-riscate. CAPM permite stabilirea prețului de echilibru al activelor.

IPOTEZE ALE MODELULUI

 **DEFINIȚII**

Abaterea standard: Cea mai frecvent utilizată măsură a dispersiei pentru a contura o tendință centrală. Prin urmare, măsoară variabilitatea în raport cu media.

Așteptare: Reprezentarea câștigului sau a pierderii medii pe care o persoană este probabil să o primească în cadrul unui experiment aleatoriu.

- Toți investitorii sunt considerați a fi "investitori" conform definiției lui Markowitz: aceștia iau în considerare fiecare activ numai din punct de vedere al riscului/profitabilității. Piața este lipsită de "fricțiuni", ceea ce înseamnă că nu există costuri de tranzacționare, comisioane etc.

- Câștigurile de capital și dividendele nu sunt impozitate.

- Piața este echilibrată, iar un investitor poate cumpăra sau vinde orice activ atâta timp cât nu are niciun impact asupra prețului acțiunilor; informațiile sunt transparente.

- Investitorilor nu le plac investițiile fără riscuri. De aceea, aceștia aleg un nivel de risc mai mare sau mai mic în funcție de compensația pe care ar putea-o obține de pe urma acestuia (prima de risc).

- Investitorii au același orizont de timp, ceea ce permite ca analizele să fie oarecum standardizate.

- Investitorii anticipează performanța viitoare a valorilor mobiliare în același mod.

- Investițiile sunt divizibile la infinit: este posibil să se cumpere sau să se vândă fracțiuni de acțiuni sau portofolii.

- Investitorii controlează riscul prin diversificare.

- Investitorii pot împrumuta sau împrumuta orice sumă de bani la o rată fără risc.

- Rentabilitatea unui activ este estimată folosind câștigul așteptat la un anumit orizont, iar riscul său este estimat folosind abaterea standard a variațiilor sale anterioare. De exemplu, o acțiune relativ riscantă va prezenta prețuri fluctuante și, prin urmare, o deviație standard mai mare.

Să presupunem că există omogenitate în ceea ce privește așteptările, abaterile standard și variațiile, precum și corelațiile dintre diferitele active financiare.

În plus, fiecare portofoliu este compus din același tip de active. Doar proporția – procentul de risc (scăzut sau ridicat) – dintre activele riscante și cele ne-riscate este diferită.

COMPONENTELE MODELULUI

CAPM se bazează pe faptul că diferitele active și portofolii de active sunt analizate din punct de vedere al raportului risc-randament, iar provocarea cu care se confruntă fiecare investitor este de a urmări un portofoliu cu utilitate maximă. Există trei componente esențiale pentru alcătuirea unui portofoliu eficient:

- linia pieței de capital, care detectează diferitele combinații risc-retur;

- prima de piață, care definește costul riscului;

- coeficientul beta, care măsoară riscul unui activ în raport cu riscul de piață.

Linia pieței de capital (CML)

Linia pieței de capital prezintă combinațiile risc-retur ale activelor financiare. Rf reprezintă nivelul de rentabilitate pentru un activ fără risc (de exemplu, obligațiuni de stat), în timp ce M se referă la combinația globală observată pe piață, denumită și portofoliul de piață. Alegerea combinației va depinde de profilul investitorului și de aversiunea la risc a acestuia.

Prima de piață și CAPM

Investitorul are nevoie de o primă de piață care să acopere riscul asumat. Cu cât riscul este mai mare, cu atât prima este mai mare și panta CLM este mai abruptă.

Indicatorul de risc beta

CAPM nu măsoară nivelul de risc, ci mai degrabă riscul relativ al activului sau al portofoliului în raport cu piața, numit ß (beta). Cu alte cuvinte, beta reprezintă relația dintre variațiile prețului unui activ financiar (cunoscută sub numele de "volatilitate") și variațiile prețurilor de pe piață în general. Aceasta este sensibilitatea sau elasticitatea prețului unui activ, în raport cu indicele bursier care reprezintă piața. Cu cât valoarea beta este mai apropiată de 1, cu atât activul este considerat mai puțin volatil.

Prima de risc pentru un activ financiar este, prin urmare, egală cu coeficientul beta al acestuia înmulțit cu riscul general al pieței.

CAPM este egal cu prima de risc a unui activ *i* sau a unui portofoliu şi cu prima de risc de piaţă înmulţită cu valoarea beta a activului luat în considerare.

Randamentul aşteptat pentru activul *i* [$E(R_i)$] poate fi calculat atât timp cât se cunosc rata fără risc, valoarea beta a activului şi prima de piaţă. Invers, dacă se cunoaşte rentabilitatea, se poate calcula şi riscul.

AVANTAJE

 **ŞTIAŢI CĂ?**

Rata de actualizare este rata care permite transformarea unei valori viitoare într-o valoare curentă, ţinând cont de faptul că, cu cât durata dintre prezent şi viitor este mai mare, cu atât valoarea curentă scade mai mult.

CAPM oferă mai multe avantaje:

- permite calcularea diferitelor randamente pentru activele în cauză;

- facilitează luarea deciziilor economice şi financiare prin calcularea riscului;

- modelul este mai simplu de utilizat decât teoria preţurilor de arbitraj, deşi este mai puţin precis din punct de vedere econometric;

- există două aplicaţii utile pentru acest model:

- ○ măsurarea performanței managerilor de fonduri;
- ○ calcularea ratei de actualizare adecvate pentru a evalua veniturile viitoare ale unei societăți.

CONCLUZIE

Prin urmare, este de înțeles că, în general, un investitor rațional va opta pentru un portofoliu diversificat de active financiare (active riscante și active ne-riscate) pentru a asigura o eficiență maximă și un risc limitat.

Deși este dificil de evaluat eficacitatea sa, CAPM rămâne un instrument de măsurare a performanței care permite utilizatorilor să compare activitatea conducerii cu realitățile pieței și indică, de asemenea, rata de actualizare adecvată pentru a calcula veniturile viitoare ale unei întreprinderi.

LIMITĂRI ȘI EXTINDERI

LIMITĂRI ȘI CRITICI

Limitările CAPM sunt numeroase, iar criticile sunt legate în principal de ipotezele prealabile formulate.

- **Instabilitatea lui beta. Vă** reamintim că beta reprezintă riscul relativ al unui activ sau al unui portofoliu în comparație cu restul pieței. Această instabilitate provine din faptul că riscul unui activ este variabil și, prin urmare, se poate schimba în orice moment. De exemplu, imaginați-vă că eu cumpăr un activ financiar la momentul t și calculez riscul x *pe care* mi-l asum cu această investiție. În acest moment, nu există nicio garanție că, la momentul $t+1$, riscul x al acelui activ nu se va fi modificat din cauza unor factori externi (cum ar fi o criză). Pentru a depăși acest defect, managerul ia în considerare, în general, toate betas-urile pentru a reduce parțial riscul individual.

- **Limita diversificării portofoliului.** Este imposibil să se diversifice complet un portofoliu: investitorii ar trebui să cumpere un număr de active financiare diversificate înainte de a urmări o corelație parțială (în cazul în care diversificarea reduce riscul). În plus, un portofoliu cu o corelație redusă poate sfârși prin a se corela din cauza schimbării contextului economic, social și politic.

- **Dificultatea aplicării practice** într-un context de prognoză.

- **Ipoteze nerealiste.** Este aproape imposibil să ai o idee precisă despre ratele fără risc în care să investești; nu există o impozitare uniformă între activele financiare, în timp ce costurile de tranzacție sunt foarte reale etc.

- **Dependența studiilor privind CAPM de alegerile portofoliului de piață.** Această dependență a fost elaborată de economistul Richard Roll.

PUNCTE SLABE ȘI CRITICI

Pe o scară mai largă, criticii contestă eficiența relativă a CAPM.

Ca atare, Roll se întreabă dacă este posibil să se testeze eficiența modelului: în opinia sa, pentru a-l verifica, ar trebui să putem măsura eficiența portofoliului de piață, lucru pe care îl consideră imposibil. El argumentează că, întrucât portofoliul nu include doar toate acțiunile, ci și obligațiunile, bunurile imobiliare și metalele prețioase, printre altele, acesta nu poate fi măsurat cu precizie și integrat eficient în CAPM.

MODELE ȘI EXTENSII CONEXE

În timp ce CAPM se bazează exclusiv pe evaluarea coeficientului beta, un instrument de măsurare a riscului variabil, alte modele oferă metode alternative care permit, de asemenea, determinarea riscului financiar.

Teoria prețurilor de arbitraj (APT)

Având în vedere volatilitatea betas-urilor observate în CAPM, Stephen Alan Ross (economist american, născut în 1944) a prezentat în 1976 un model alternativ bazat pe teoria arbitrajului.

Potrivit acestuia, există mai mulți factori economici care influențează rentabilitatea:

- pe de o parte, factori generali care afectează simultan rentabilitatea mai multor active;

- pe de altă parte, factori specifici unui activ care influențează doar rentabilitatea activului respectiv.

Teoria arbitrajului susține, de asemenea, că factorii specifici diferitelor active sunt independenți de factorii generali și sunt, de asemenea, independenți unul de celălalt.

Principiul arbitrajului apare atunci când două active, cu aceeași sensibilitate la factori diferiți, nu au același randament așteptat. În cazul în care nu există nicio oportunitate de arbitraj, ceea ce înseamnă că acestea au același randament preconizat, riscul de piață al activului trebuie calculat folosind betas-urile aferente factorilor nespecifici de piață care afectează toate investițiile.

APT se aplică mai general decât CAPM. Cu toate acestea, principalul său punct slab constă în originea și alegerea factorilor care influențează activele.

Modelul multifactorial

Modelul multifactorial încearcă să depășească deficiența APT, și anume identificarea factorilor economici specifici care pot influența riscul. Deoarece riscul de piață afectează majoritatea (dacă nu toate) investițiile, acesta provine din factorii macroeconomici. Astfel, modelul definește riscul de piață ca fiind riscul de expunere a oricărui activ la factorii macroeconomici. Pentru acest model, baza de calcul a riscului este reprezentată de valoarea beta a activului, în raport cu factorii macroeconomici.

Modelul Fama-French cu trei factori sau modelul variabilității reprezentative

 **DEFINIȚII**

<u>Capitalizarea pieței (MC)</u>: Raport de evaluare care permite măsurarea dimensiunii unei întreprinderi, precum și a altor criterii, cum ar fi numărul de angajați sau cifra de afaceri. MC mare - care reprezintă mai multe miliarde de lire sterline - se distinge de MC mică.

<u>Rata de rentabilitate</u>: Instrument utilizat pentru a determina dacă un activ este subevaluat sau supraevaluat. Dacă raportul este mai mare de 1, activul este subevaluat. Pe de altă parte, dacă este mai mic de 1, acesta este supraevaluat. Acest raport a fost determinat de economiștii americani Eugene Francis Fama (născut în 1939, laureat al Premiului Nobel pentru

Acest model a fost dezvoltat la începutul anilor 1990 de economiștii americani Eugene Francis Fama și Kenneth Ronald French și se inspiră din modelul multifactorial, care afirmă că randamentul este influențat de mai mulți factori. Modelul Fama-French evidențiază existența a doi factori care influențează randamentul:

- **Dimensiunea companiei.** Fama și French măsoară dimensiunea unei companii folosind capitalizarea pieței (MC). Aceștia remarcă în special faptul că activele societăților cu MC mică, considerate mai riscante și cu un cost al capitalului mai ridicat, au un randament mediu ridicat în comparație cu societățile cu MC mai mare. Prin urmare, titlurile de valoare ale societăților cu MC mici au o rentabilitate excedentară în comparație cu activele fără risc, care este mai mare decât cea prevăzută de CAPM.

- La fel ca și capitalizarea bursieră, **acțiunile cu un raport contabilitate-piață mai mare**, relativ subestimat de piață, sunt mai riscante și au un cost al capitalului mai ridicat. Cu toate acestea, aceste acțiuni sunt adesea cele care au cele mai mari randamente.

Prin compararea MC și a raportului contabilitate-piață, Fama și French constată că raportul contabilitate-piață este mai relevant din punct de vedere statistic decât MC și este un factor major care are o influență puternică asupra activelor. În plus, pe termen lung, aceștia au observat că relația dintre raportul valoare contabilă/valoare de piață și rentabilitate este mult mai puternică și mai stabilă decât relația dintre MV și rentabilitate.

În concluzie, investițiile profitabile se fac în companii cu o capitalizare de piață scăzută și o valoare contabilă ridicată, care nu ar putea fi luate în considerare în modelul CAPM.

APLICAȚIE PRACTICĂ

Această secțiune oferă informații privind pașii care trebuie urmați și întrebările care trebuie adresate atunci când se implementează CAPM. De asemenea, oferă recomandări utile pentru a evita să faceți erori.

SFATURI ȘI BUNE PRACTICI

Definirea riscului unei investiții

Primul pas este definirea riscului unei investiții. Acest risc poate fi măsurat folosind variația profitabilității efective, în raport cu venitul anticipat. Nivelul de risc al activului poate fi apoi observat: fără risc, risc scăzut sau risc ridicat.

Distincția între riscurile plătite și cele neplătite

Odată ce nivelul de risc a fost determinat, este necesar să se facă o diferență între riscurile plătite și cele neplătite. Fiecare activ particular are două tipuri de risc: riscul specific unei investiții, numit "risc de afaceri" sau "risc inerent", și riscul general al tuturor investițiilor, numit "risc de piață".

- **Riscul specific** poate fi controlat într-un portofoliu diversificat dacă investiția cu risc specific reprezintă doar o mică parte din portofoliu și poate fi, de exemplu, contrabalansată de un activ specific mai puțin riscant. Vorbim apoi de "risc mediu", care se referă la diferitele investiții cu risc specific dintr-un singur portofoliu.

- **Riscul de piață, care** afectează toate investițiile, nu poate fi controlat, deoarece acoperă, în general, toate activele financiare de pe piață. Există doi factori care stau la baza acestui risc: evoluțiile generale din lumea economică – de la impozitare la politica de prețuri – și modul în care investitorii percep aceste potențiale evoluții.

Investitorul avizat, care s-a asigurat de obicei că are un portofoliu diversificat, nu va fi compensat pentru riscurile legate de schimbările pieței.

Măsurarea riscului de piață

Pentru a calcula acest risc, investitorul poate utiliza diferite metode, inclusiv CAPM, APT, modelul multifactorial și modelul French-Fama prezentat mai sus. În funcție de ipotezele formulate, riscul de piață este perceput și calculat în mod diferit.

CAPM se bazează pe faptul că activele individuale și portofoliile sunt evaluate în funcție de raportul risc-randament și că obiectivul fiecărui investitor este de a căuta cel mai eficient portofoliu. Acest lucru poate fi realizat în trei etape.

1. Investitorul trebuie să determine "frontiera eficientă", adică ansamblul de portofolii care minimizează riscul pentru un anumit randament mediu. Această

colecție de portofolii se numește setul eficient și este reprezentată de zona din interiorul umbrelei. Mai jos, observăm că punctul x nu este rațional, deoarece, pentru același nivel de risc, există o combinație de randament mai mare, e.

Suma sumelor investite trebuie să fie egală cu 1. Cu cât coeficientul de corelație este mai slab, cu atât mai mult se reduce riscul: curba de indiferență se deplasează atunci spre stânga.

Curba de indiferență este ansamblul combinațiilor a două bunuri sau a doi factori care oferă consumatorului sau investitorului același nivel de satisfacție. Axa Y, $E(R)$, corespunde randamentului așteptat, în timp ce axa X corespunde nivelului de risc. Deoarece fiecare curbă oferă investitorului aceeași satisfacție, pentru o combinație risc-randament diferită și indiferent de curba de indiferență specifică, acesta va alege portofoliul cu cel mai mare randament pentru un risc dat.

2. În funcție de atitudinea sa față de risc (curba de indiferență), investitorul își alege portofoliul optim. Acesta corespunde punctului de tangență dintre curba de indiferență și frontiera eficientă. Dacă ia în considerare un activ fără risc, investitorul va putea investi o parte din activele sale într-unul dintre portofoliile mai riscante de pe frontiera eficientă a activelor riscante și o altă parte într-un activ fără risc.

3. Pentru a măsura matematic acest risc, investitorul trebuie să utilizeze formula stabilită în definiția teoretică a conceptului:

4. În plus, este cunoscut faptul că, în prezent, evaluările activelor financiare sunt efectuate de calculatoare.

RECOMANDĂRI

Ipoteze necesare și variante ale modelului

Atunci când se aplică CAPM, este important să fim conștienți de faptul că modelul nu este întotdeauna realist: având în vedere situația actuală, ipotezele făcute de model sunt rareori valabile. Prin urmare, calculul raportului risc-randament ar trebui extins la ipoteze și variante mai largi. Mai jos sunt prezentate câteva exemple de contradicții observate:

- Modelul ia în considerare în portofoliul de piață doar titlurile de valoare tranzacționate la bursă. Un portofoliu de piață ar trebui să fie definit de toate oportunitățile de investiții existente în economie și, prin urmare, este mult mai larg.

- CAPM emite ipoteze care sunt dificil de aplicat în contextul actual. Prin urmare, modelul teoretic trebuie extins la realitatea mediului nostru, ceea ce îl face adesea mai puțin relevant și mai complex.

- Zero beta sau niciun risc. De obicei, este imposibil să se împrumute la o rată fără risc. Nu puteți presupune cu adevărat că există un activ fără risc. CAPM trebuie adaptat pentru a se potrivi acestei realități.

- CAPM presupune, de asemenea, că nu există taxe, costuri de tranzacție etc. Această ipoteză ar trebui reconsiderată, deoarece investitorii sunt supuşi impozitelor (inclusiv dividendele şi câştigurile de capital la vânzare) şi costurilor de tranzacţie. Dacă se iau în considerare toate aceste costuri suplimentare, investitorii vor avea tendinţa de a limita dimensiunea portofoliilor lor prin cumpărarea mai puţine acţiuni.

Există numeroase extinderi ale ipotezelor şi variante ale modelului. În special, în capitolul 3 al cărţii sale Quantitative Financial Economics: Stocks, Bonds and Foreign Exchange, Keith Cuthbertson prezintă şi dezvoltă nuanţele CAPM şi aplicaţiile matematice ale acestora.

În cele din urmă, se recomandă ca investitorul sau societatea investitoare să ia în considerare factorul "diversificare", un parametru esenţial în măsurarea riscului, pentru a reduce riscul. În plus, trebuie să se dea dovadă de prudenţă, deoarece nu există rentabilitate fără risc! În general, diversificarea portofoliului este una dintre cele mai bune modalităţi de a proteja investitorii şi de a limita riscul.

Stocuri

Creşterea numărului de active din portofoliu este asociată cu scăderea riscului, deşi nu este o evoluţie liniară. Efectele diversificării sunt semnificative la început, dar, după un anumit punct, acestea se diminuează, în timp ce costurile legate de numărul de acţiuni (tranzacţii, costuri fixe etc.) cresc. În plus, diversificarea maximă reduce variabilitatea randamentelor acțiunilor. De exemplu, dacă variabilitatea este redusă cu 70%, restul de 30% constituie riscul "sistematic", deoarece este imposibil să se elimine complet riscul prin diversificare (a se vedea riscul de piață).

MANAGEMENT ACTIV ȘI PASIV

Managementul activ oferă, în general, un risc mai mare decât riscul pieței pentru un randament așteptat mai mare.

Gestionarea pasivă garantează un risc echivalent cu cel al pieței pentru un randament așteptat ușor mai mic.

Diversificarea se poate face la diferite niveluri:

- în diferite zone (Europa, SUA, Japonia, țări emergente etc.)

- la nivelul sectoarelor de activitate

- în funcție de mărimea întreprinderii

- în funcție de stilul de gestionare (activ, pasiv etc.)

Pe lângă acțiuni, putem lua și alte exemple, cum ar fi obligațiunile, banii lichizi și aurul, fără a lua în considerare alte active, cum ar fi fondurile de investiții, operele de artă etc.

- **Obligațiunile** oferă, în general, randamente mai mici decât acțiunile, dar riscul este limitat.

- **Numerarul sau economiile** oferă în general randamente mai mici decât acțiunile – cu excepții, cum ar fi acțiunile Fortis, care au pierdut aproximativ 95% din valoare în 2008 –, dar cu același ordin de mărime ca și obligațiunile.

- **Aurul** este caracterizat de un risc ridicat pentru un randament mediu mai mic decât alte active.

STUDIU DE CAZ

Context

În contextul gestionării averii, un manager definește obiectivul clientului pentru a-l îndeplini cât mai bine. Expertul analizează întreaga situație a investitorului – familie, muncă, avere și proprietăți. Această analiză îi permite să precizeze nevoi mai specifice.

MANAGEMENTUL AVERII – DE CE?

Gestionarea averii este un proces prin care proprietatea privată (bunuri mobile, imobile, numerar etc.) este evaluată în vederea optimizării utilizării acesteia. În cazul în care o persoană deține multe proprietăți, acestea vor fi supuse unor impozite relativ ridicate. Managementul averii tinde să minimizeze costurile prin optimizarea utilizării acestor bunuri.

Care este cel mai eficient portofoliu pentru acest investitor-client conform modelului CAPM?

Problema constă în evaluarea şi determinarea unui portofoliu eficient în funcţie de tipul de investitor cu care se confruntă managerul de patrimoniu.

Tipuri de investitori

Băncile şi instituţiile financiare fac în general o distincţie între patru tipuri de investitori:

investitorul care îşi asumă riscuri, încrezător în viitor şi în căutare de performanţă;

investitorul prevăzător, atât încrezător în viitor, cât şi reticent în a-şi asuma riscuri;

cheltuitorul (consumatorul);

investitorul care este pesimist cu privire la viitor şi este reticent în a-şi asuma riscuri.

În primul rând, managerul trebuie să stabilească mai mulţi parametri de piaţă:

- **Alegerea portofoliului pieţei de referinţă. Există** mai mulţi indici bursieri care reunesc un set reprezentativ de active de pe pieţe. Printre acestea se numără CAC 40, care cuprinde cele mai mari 40 de capitalizări bursiere din Franţa, şi S&P 500 din America.

- **Alegerea activului fără risc.** Putem considera că obligaţiunile de stat sau produsele de asigurare de viață sunt active cu un risc limitat. Deși riscul este limitat – și, prin urmare, nu este niciodată complet nul – randamentul este incert și volatil.

- **Alegerea portofoliului de clienți.** CAPM presupune că toate activele financiare de pe piață sunt evaluate corect: fiecare dintre ele are un anumit risc și o anumită rentabilitate așteptată. Managerul alege împreună cu investitorul, care este conștient de relația inevitabilă dintre randamentul activelor și riscuri, portofoliul care se apropie cel mai mult de așteptările clientului. Prin urmare, alegerea conținutului portofoliului pentru client va fi direct legată de expunerea acestuia la portofoliul de piață. Acest coeficient de expunere (beta) poate fi obținut cu ușurință prin intermediul informațiilor financiare retransmise de indicele bursier. Odată ce beta este determinat, este util să se stabilească o strategie care să răspundă cerințelor investitorului.

- **Variante de modele: beta, volatilitate și performanța portofoliului.** Calcularea parametrilor CAPM se poate face în diferite moduri:

  - Utilizarea datelor istorice anterioare bazate pe efecte episodice. Cu toate acestea, acest lucru necesită prudență: întrucât schimbările din datele istorice sunt, în general, legate de perioade specifice (de exemplu, perioade de criză), acestea nu oferă o obiectivitate completă.

  - Prin intermediul datelor financiare care sunt deja disponibile și utilizate pe diferite platforme. Din nou, este important să fim atenți, deoarece unele analize pot fi despre subiective și părtinitoare.

- În cele din urmă, prin intermediul rapoartelor corporative și al previziunilor economice.

În general, managerul caută cele mai complete – și, prin urmare, cele mai fiabile – informații pentru a evita adăugarea de riscuri suplimentare la portofoliul investitorului. Odată ce variantele modelului au fost specificate, CAPM determină cea mai bună distribuție posibilă a resurselor financiare ale investitorului, respectând în același timp dorințele acestuia în ceea ce privește randamentele, riscul și tipurile de active.

Simularea portofoliului

Imaginați-vă un portofoliu relativ diversificat, cu active din diferite sectoare, emise de companii de importanță variabilă, care investesc pe diferite piețe geografice.

Acest portofoliu cuprinde 15 obligațiuni de stat germane, 20 de acțiuni la Belfius, 8 acțiuni la o cooperativă agricolă din Cambodgia și alte 10 acțiuni în proprietăți imobiliare americane.

Cunoașterea nivelului de corelație este importantă, deoarece ne permite să ne dăm seama dacă portofoliul este foarte riscant (coeficient apropiat de 1; corelație pozitivă) sau nu (coeficient apropiat de 0; corelație negativă). În plus, coeficientul de performanță oferă informații despre nivelul de control al riscului și, prin urmare, despre securitatea relativă a activelor. Această performanță este calculată cu ajutorul coeficientului economistului William Sharpe, astfel încât orice rezultat negativ este eliminat din portofoliu.

Analiza performanței poate include două dimensiuni:

- o dimensiune grafică

- o dimensiune matematică, exprimată prin valoarea portofoliului și valoarea activelor care compun portofoliul.

În cazul portofoliului nostru, putem observa că diversificarea adoptată este bună, dar poate fi îmbunătățită, în special prin alegerea unor active mai puțin corelate.

Concluzie

CAPM permite o analiză simplă a mișcărilor pieței și a expunerii la risc a unor active date. Cu toate acestea, fără extinderile modelului, acesta este puțin sau deloc util și este ineficient. Raportul Sharpe, de exemplu, este un instrument important pentru a măsura performanța activelor într-un mediu complex precum cel actual.

REZUMAT

- CAPM este o metodă matematică care permite calcularea rentabilității așteptate a oricărui activ financiar.

- Modelul a apărut în anii 1950, într-o perioadă în care piețele financiare se dezvoltau și se standardizau, investitorii dorind mai multe informații și garanții pentru a asigura rentabilitatea activelor lor financiare.

- Teoreticieni:

  - în 1921, Frank Knight a definit conceptele de incertitudine și risc;

  - în 1950, lucrările lui Harry Markowitz au marcat începutul teoriei moderne a diversificării și a portofoliilor;

  - în cele din urmă, începând cu 1964, economiști precum William Sharpe, John Lintner, Jan Mossin și Fischer Black au dezvoltat modele financiare existente, ceea ce a dus la crearea CAPM.

- Atunci când se aplică modelul, este esențial să:

  - să determine frontiera eficientă a portofoliilor;

  - determinarea portofoliului optim, prin diversificarea portofoliului de active pentru a minimiza riscul sistematic, menținând în același timp un anumit nivel de rentabilitate.

  - să măsoare riscul și rentabilitatea portofoliului.

- Modelul este util numai dacă nu există informații lipsă și costuri de tranzacție. Prin urmare, portofoliul diversificat optim este același pentru toți investitorii.

- Principalele limitări ale acestui model sunt reprezentate de inaplicabilitatea ipotezelor formulate și de instabilitatea valorii beta.

- Trei modele sunt extensii ale CAPM: APT (arbitrage pricing theory), modelul multifactorial și modelul Fama-French cu trei factori.

LECTURI SUPLIMENTARE

BIBLIOGRAFIE

Baudot, J.-Y. (Fără dată) Le MÉDAF. *JYBaudot.fr.* [Online]. [Accesat la 26 iunie 2014]. Disponibil la: < http://www.jybaudot.fr/Bourse/medaf.html>.

Broquet, C., Cobbaut, R., Gillet, R. și van den Berg, A. (2004) *Gestion de portefeuille.* Bruxelles: De Boeck.

Damodaran, A. (2006) *Finance d'entreprise. Théorie et pratique.* Bruxelles: De Boeck.

Desquilbet, J. -B. (fără dată) Le MÉDAF. Model de evaluare a activelor financiare. *Université d'Artois.* [Online]. [Accesat la 26 iunie 2014]. Disponibil la: < http://jb.desquilbet.pagesperso-orange.fr/docs/A_M2thfi_2_MEDAF.pdf>.

Gaga, O. și Tarib, A. (fără dată) Le Modèle d'Équilibre des Actifs Financiers. Cas d'ITISSALAT AL-MAGHRIB. *Scribd.* [Online]. [Accesat la 26 iunie 2014]. Disponibil la: < http://fr.scribd.com/doc/24407264/Modele-d-equilibre-des-actifs-financiers-MEDAF-CAPM>.

Limaiem, I. (2009) Les facteurs du modèle Fama et French : cas du marché des actions canadiennes. *Université du Québec à Montréal.* [Online]. [Accesat la 8 iulie 2014]. Disponibil la: < http://www.archipel.uqam.ca/2202/1/M10858.pdf>

Moisson, J.-C. (Fără dată) *Méthodes et principes de gestion de portefeuille benchmarkée.* [Online]. [Accesat la 26 iunie 2014]. Disponibil la: < http://www.bm.com.tn/ckeditor/files/gestion_de_portefeuille_bench.pdf>

Ngoma, F. (2009) Évaluation des actifs financiers par le MÉDAF. Validarea empirică a relaţiei risc-rendiment prin intermediul modelelor economice. *Memoriu online.* [Online]. [Accesat la 26 iunie 2014]. Disponibil la: < http://www.memoireonline.com/07/10/3749/Evaluation-des-actifs-financiers-par-le-MEDAF-validation-empirique-de-la-relation-risque-rendement-.html>.

Statistics Canada (fără dată) *Varianţa şi abaterea standard.* [Online]. [Accesat la 26 iunie 2014]. Disponibil la: < http://www.statcan.gc.ca/edu/power-pouvoir/ch12/5214891-eng.htm>.

SURSE SUPLIMENTARE

Back, K.E. (2010) *Asset Pricing and Portfolio Choice Theory (Financial Management Association Survey and Synthesis).* New York: Oxford University Press USA.

Capinski, M.J. și Kopp, E. (2014) *Portfolio Theory and Risk Management (Mastering Mathematical Finance).* Cambridge: Cambridge University Press.

Cuthbertson, K. și Nitzsche, D. (2004) *Quantitative Financial Economics: Stocks, Bonds and Foreign Exchange.* [ediţia a 2-a]. West Sussex: John Wiley & Sons.

Levy, H. (2011) *The Capital Asset Pricing Model in the 21st Century: Analytical, Empirical, and Behavioral Perspectives (Perspective analitice, empirice şi comportamentale).* New York: Cambridge University Press.

Vrem să auzim de la tine!
Lasă un comentariu despre biblioteca ta online
şi împărtăşeşte cărţile tale preferate pe reţelele de socializare!

Editorul asigură fiabilitatea informațiilor publicate,
care nu ar putea însă angaja răspunderea sa.

Master ISBN: 9782808601009
Hârtie ISBN: 9782808602457
Depozit legal: D/2022/12603/246

Design digital: Primento,
partenerul digital al editurilor.